Ansiedad

Guía definitiva para superar la ansiedad, ataques de pánico y miedo con remedios del día a día (Use técnicas poderosas para vencer la ansiedad, el estrés y la depresión)

Livio Meza

Publicado Por Daniel Heath

© **Livio Meza**

Todos los derechos reservados

Ansiedad: Guía definitiva para superar la ansiedad, ataques de pánico y miedo con remedios del día a día (Use técnicas poderosas para vencer la ansiedad, el estrés y la depresión)

ISBN 978-1-989853-10-8

Este documento está orientado a proporcionar información exacta y confiable con respecto al tema y asunto que trata. La publicación se vende con la idea de que el editor no esté obligado a prestar contabilidad, permitida oficialmente, u otros servicios cualificados. Si se necesita asesoramiento, legal o profesional, debería solicitar a una persona con experiencia en la profesión.

Desde una Declaración de Principios aceptada y aprobada tanto por un comité de la American Bar Association (el Colegio de Abogados de Estados Unidos) como por un comité de editores y asociaciones.

No se permite la reproducción, duplicado o transmisión de cualquier parte de este documento en cualquier medio electrónico o formato impreso. Se prohíbe de forma estricta la grabación de esta publicación así como tampoco se permite cualquier almacenamiento de este documento sin permiso escrito del editor. Todos los derechos reservados.

Se establece que la información que contiene este documento es veraz y coherente, ya que cualquier responsabilidad, en términos de falta de atención o de otro tipo, por el uso o abuso de cualquier política, proceso o dirección contenida en este documento será responsabilidad exclusiva y absoluta del lector receptor. Bajo ninguna circunstancia se hará responsable o culpable de forma legal al editor por cualquier reparación, daños o pérdida monetaria debido a la información aquí contenida, ya sea de forma directa o indirectamente.

Los respectivos autores son propietarios de todos los derechos de autor que no están en posesión del editor.

La información aquí contenida se ofrece únicamente con fines informativos y, como tal, es universal. La presentación de la información se realiza sin contrato ni ningún tipo de garantía.

Las marcas registradas utilizadas son sin ningún tipo de consentimiento y la publicación de la marca registrada es sin el permiso o respaldo del propietario de esta. Todas las marcas registradas y demás marcas incluidas en este libro son solo para fines de aclaración y son propiedad de los mismos propietarios, no están afiliadas a este documento.

TABLA DE CONTENIDO

Parte 1cómo Leer Este Libro 1

Cómo Leer Este Libro 2

1. Recuerde Que Dios Lo Sostendrá 5
2. Orar Con Gratitud 8
3. No Tenga Miedo De Confiar 11
4. Considere Cómo Dios Está Obrando En La Creación 14
5. Sea Fuerte Y Valiente 17
6. Busque Al Señor 20
7. Arroje Su Ansiedad Sobre Dios 23
8. Crea Que Hay Amor Perfecto 26
9. Bienvenidos A La Paz De Cristo 30
10. Deje Que Una Buena Palabra Le Haga Feliz 33
11. Dé La Bienvenida A La Protección Y Guía Del Señor 37
12. No Se Detenga En Los Problemas Del Mañana 41

Extra: Escrituras Adicionales Alentadoras Para La Reflexión
.... 44

Parte 2 54

Introducción 55

Capítulo 1: ¿Qué Es La Ansiedad, En Realidad, Y Cómo
Puedo Saber Que La Tengo? 57

Capítulo 2: Soluciones Para Ayudarte A Disminuir La
Ansiedad Aliviando El Estrés Interno 64

Capítulo 3: Date Un Capricho 77

Capítulo 4: Usa Tus Recursos 82

Capítulo 5: Ejercicio, Yoga Y Meditación 85

Conclusión 90

Parte 1

Cómo leer este libro

La ansiedad, la preocupación y el miedo son emociones poderosas que todos experimentamos en un grado u otro. Durante algunas estaciones de la vida, estas emociones pueden sentirse particularmente fuertes y paralizantes. ¿Qué podemos hacer cuando estamos pasando por una temporada así? Podemos buscar consejo en la Palabra de Dios.

La Palabra de Dios está llena de sabiduría. El propósito principal de las Escrituras es dirigir nuestros corazones hacia Jesús y ayudarnos a darnos cuenta de que cuando lo tenemos, tenemos todo lo que realmente necesitamos. Esto es particularmente cierto cuando estamos luchando contra la ansiedad.

En este libro, usted encontrará una exposición concisa de lo que las Escrituras dicen acerca de la ansiedad, así como de lo que se nos anima a hacer con la preocupación y el miedo cuando los experimentamos. El contenido de este libro pretende ser alentador y motivador al buscar la ayuda del Señor para superar la ansiedad que actualmente puede parecer que lo está superando.

Este libro no debe ser leído una vez para luego ser olvidado. Está organizado en 12 secciones útiles que pueden ser leídas en conjunto o individualmente. Usted obtendrá el máximo provecho del contenido si lo lee varias veces, resalta lo que más le llama la atención y reflexiona en oración sobre el contenido de la Escritura que se está discutiendo.

En las próximas páginas, se le animará a....

*Recordar que Dios lo sostendrá
*Rezar con gratitud
*No tener miedo en confiar
*Considerar cómo Dios está obrando en la creación
*Ser fuerte y valiente

*Buscar al Señor
*Arrojar su ansiedad sobre Dios
*Creer que hay un amor perfecto
*Dejar entrar la paz de Cristo
*Dejar que una buena palabra lo haga feliz
*Acoger la protección y guía del Señor
*No preocuparse por los problemas de mañana.

1. Recuerde que Dios lo sostendrá

Isaías 41:10
No temáis, porque yo estoy con vosotros; no os desalentéis, porque yo soy vuestro Dios; os fortaleceré, os ayudaré, os sostendré con mi diestra justa.

El Señor es bueno con su pueblo. En todas las generaciones, Él ha hecho todo lo posible para comunicar a la humanidad que desea acercarnos a Él. Nos invita a confiar en Él, nos anima a caminar con Él, nos suplica que le sigamos y nos recuerda su presencia.

El Señor está con su pueblo. Con frecuencia, a lo largo de nuestras vidas, luchamos con sentimientos de soledad y aislamiento. Pensamos que estamos solos y nos permitimos creer en la idea equivocada de que todo se reduce a nuestra propia sabiduría y habilidades. Esa mentalidad produce miedo y desánimo. Esto lleva a la consternación y engaña nuestros corazones para que olviden la presencia de Dios.

La autosuficiencia suena como un concepto tentador y muchas personas tratan de convertirla en una faceta importante de sus vidas y en estrategias de afrontamiento, pero la autosuficiencia no es el último deseo de Dios para nosotros. Él quiere que confiemos en Él, quiere que recibamos y utilicemos su poder. Él nos dice que puede y que nos fortalecerá si nuestra confianza está en Él.

También nos recuerda que desea ayudarnos. A menudo, pensamos en Dios como nuestro último recurso cuando no podemos resolver las cosas por nosotros mismos. Pero a través de Su Palabra Él nos anima a venir a Él como nuestro primer recurso. Necesitamos Su ayuda y la vida es mejor una vez que empezamos a admitir cuánto lo necesitamos.

Este versículo concluye con la promesa de Dios a Su pueblo de que Él los sostendrá con Su justa mano derecha. Esta promesa se hizo inicialmente al pueblo del antiguo Israel, ¿pero es menos cierta hoy en día para nosotros? Y si Dios ha prometido estar presente, ayudar y sostener a aquellos que confían en Él, ¿tenemos alguna razón real para temer?

2. Orar con gratitud

Filipenses 4:6-7
No os preocupéis por nada, sino que, en todo, mediante la oración y la súplica y la acción de gracias, sean conocidas vuestras peticiones a Dios. Y la paz de Dios, que sobrepasa todo entendimiento, guardará vuestros corazones y vuestros pensamientos en Cristo Jesús.

La ansiedad es dolorosa. Es una lucha real para todos nosotros en un grado u otro. Algunos de nosotros somos mejores escondiendo nuestra ansiedad que otros, pero todos luchamos con ella.

El deseo del Señor para nosotros es que cambiemos nuestra ansiedad por Su paz. Él ofrece guardar nuestros corazones y nuestras mentes en Cristo Jesús para que no seamos consumidos por las preocupaciones de este mundo. Pero, ¿cómo se inicia ese intercambio? ¿Cómo podemos cambiar la parálisis de la preocupación por la bendición de la paz?

Esta Escritura nos recuerda que debemos venir al Señor en oración. Puede ser que hayas estado pasando por tu vida hasta este punto tratando de llevar una pesada carga que nunca debiste llevar en primer lugar. Jesús vino a llevar las cargas que a menudo tratamos de llevar. Él nos invita a entregarle esas cargas en oración. Nos anima a dar a conocer nuestras peticiones en un espíritu de acción de gracias.

¿Por qué nos pide que oremos con gratitud? Mientras miro este versículo, no puedo evitar preguntarme si Él nos está pidiendo que seamos agradecidos en el sentido de que nuestra gratitud expresa intrínsecamente la confianza de que el Señor ya ha resuelto las cosas por las que estamos orando. Es como si le estuviéramos agradeciendo de antemano por lo que ya sabemos que va a lograr. Es una expresión que parece estar directamente relacionada con nuestra fe.

Y mientras oramos, el Señor nos asegura que Él guardará nuestros corazones y mentes. La ansiedad tiende a multiplicarse en nuestros corazones y mentes como las bacterias en una placa de Petri. Jesús nos asegura que Él guardará sobrenaturalmente nuestros corazones para evitar que eso suceda mientras le confiamos nuestras preocupaciones.

3. No tenga miedo de confiar

Salmo 56:3
Cuando tengo miedo, confío en ti.

Hay muchas lecciones que estoy seguro que Jesús quiere que aprendamos durante nuestro tiempo aquí en la tierra, pero parece que hay una lección que quiere que aprendamos por encima de todas las demás. Por lo que vemos en las Escrituras, Él sigue volviendo al tema de la confianza. A lo largo de las páginas de la Biblia, encontramos versículo tras versículo y ejemplo tras ejemplo de lo que significa vivir por la fe en Jesús. Se nos muestra lo que parece confiar en nuestro Salvador en todas las circunstancias.

Mucho de lo que experimentamos en este mundo no está bajo nuestro control. Por mucho que deseemos poder controlar todos los aspectos de nuestra vida diaria, finalmente nos damos cuenta de que eso es algo que no podemos hacer. Hay varias maneras en las que podemos responder a esa toma de conciencia, pero a menudo nuestra primera respuesta es el miedo. Tendemos a temer lo que no podemos controlar.

¿Qué debemos hacer cuando tenemos miedo? Supongo que podemos intentar embotellarlo o posiblemente ignorar la emoción, pero esas no son opciones muy efectivas. Esta Escritura nos ofrece otra alternativa, una mejor solución. Cuando tenemos miedo, el Señor nos anima a simplemente confiar en Él.

Confiar en nosotros mismos sólo conduce a más miedo. Ignorar lo que provoca nuestros sentimientos de miedo sólo pospone nuestro trato final con el miedo. Pero confiar en el Señor realmente se dirige a nuestro temor, es la cura para nuestro miedo,es admitir que creemos que el Señor puede intervenir en nuestro favor y manejar las cosas que sabemos que están más allá de nuestro poder y nuestra capacidad de control.

A veces tenemos miedo de confiar en Él porque la confianza implica dejar ir algo. Nuestro miedo es familiar y aunque nos duele, elegimos aferrarnos a él, a menudo con fuerza. Pero el Señor nos está llamando a dejarnos ir. Él nos está llamando a entregarle nuestros temores a Él y a regocijarnos en Su capacidad soberana para actuar en nuestro favor.

4. Considere cómo Dios está obrando en la creación

Mateo 6:25-34

Por eso os digo que no os preocupéis por vuestra vida, por lo que comáis o por lo que bebáis, ni por vuestro cuerpo, ni por lo que os pongáis. ¿No es la vida más que el alimento, y el cuerpo más que el vestido? Mirad las aves del cielo: ni siembran, ni cosechan, ni recogen en graneros, pero vuestro Padre celestial las alimenta. ¿No tienes más valor que ellos? ¿Y quién de ustedes, al estar ansioso, puede añadir una sola hora a su vida? ¿Y por qué te preocupa la ropa? Considerad los lirios del campo, cómo crecen; no trabajan ni hilan, pero os digo que ni Salomón en toda su gloria se vistió como uno de ellos.

Hay tanto que decir sobre estos versículos. En este pasaje, Jesús nos da ejemplo tras ejemplo desde la creación de cómo nuestro Padre celestial se preocupa por lo que Él ha creado. Jesús nos da estos ejemplos porque sabe que nuestros corazones pueden derivar rápidamente hacia la ansiedad y es útil tener un recordatorio visible que pueda calmar nuestros temores frecuentes.

Jesús nos recuerda que no necesitamos estar ansiosos por nuestras vidas. Él sabe que es común que la humanidad se preocupe por la provisión de nuestras necesidades diarias. Todos nosotros hemos pasado algún tiempo preocupados por estas cosas, particularmente durante las épocas de vacas flacas, cuando el dinero es escaso, el empleo es limitado o nuestra salud física está agotada.

Pero Jesús nos recuerda que somos de valor para Dios - un valor mayor de lo que nuestras mentes pueden comprender. De hecho, en toda la creación, no hay nada que el Señor valore más que la humanidad. Dios hizo al hombre a su imagen. Él no hizo eso por los pájaros o las flores o cualquier otra cosa en toda la creación. Esa es una realidad que nos es única.

Y si Dios hizo eso por nosotros, ¿no nos sostendrá también a nosotros? ¿No proveerá para nuestras necesidades? Jesús nos recuerda que, ya que Él está dispuesto a cuidar de las cosas menores en Su creación, también podemos estar seguros de que nuestro Padre celestial cuidará de nosotros. Cuando necesitamos un recordatorio de esa verdad, todo lo que necesitamos hacer es observar Su creación y estar en paz de que Dios no nos ha olvidado.

5. Sea fuerte y valiente

Deuteronomio 31:6
Sed fuertes y valientes. No temáis ni tengáis miedo de ellos, porque es el Señor vuestro Dios quien va con vosotros. Él no te dejará ni te abandonará.

El Espíritu Santo inspiró las palabras de esta Escritura cuando Moisés estaba preparando al pueblo de Israel para una transición de su liderazgo al liderazgo de Josué. El pueblo de Israel había estado vagando en el desierto durante 40 años en este momento. Estaban a punto de cruzar el río Jordán y tomar posesión de la tierra prometida. Pero esa tierra está ocupada actualmente por gente malvada y despiadada que sin duda se espera que luche.

Cuando vemos lo que sucedió cuando el pueblo de Israel entró y ocupó la tierra, podemos ver que el Señor cumplió Su promesa. Él prometió que estaría con ellos. En medio de todo por lo que pasaron, Él estaría presente. Él no los dejaría, no los abandonaría. En Él, podían ser fuertes y valientes. No necesitaban temer ni sufrir.

¿Qué hizo el pueblo de Israel para ganarse el amor de Dios? ¿Qué hicieron para merecer este tipo de favor de su Creador? Nada. Ni una sola cosa. Ellos no merecían Su amor o Su protección, sin embargo, Él todavía lo concedió con gracia y generosidad.

Pienso que a veces, luchamos por disfrutar y experimentar la fuerza y el coraje que el Señor proporciona a todos los que confían en Él porque estamos al menos parcialmente convencidos de que tenemos que hacer algo para ganarnos Su amor. Tendemos a pensar en Su amor en términos condicionales.

Esperamos que nos abandone porque sabemos que luchamos por seguirle tan fielmente como nos gustaría. Hay una parte de nosotros que realmente espera que Él se vaya y nos abandone.

Pero Dios no es inconstante. Su amor no es temperamental como la clase de amor que la humanidad tiende a mostrar. El amor de Dios es constante. No está anclado en nuestra actuación. Está arraigado en su propia naturaleza y por su gracia, podemos experimentar su coraje y su fuerza.

6. Busque al Señor

Salmo 34:4
Busqué al Señor, y él me respondió y me liberó de todos mis temores.

El contexto de este Salmo es a la vez divertido y sorprendente. David escribió este salmo como una expresión de su agradecimiento al Señor por rescatarlo de una situación desesperada. A David le preocupaba que fuera a ser asesinado por un rey vecino mientras estaba en su tierra. Así que David actuó un poco y fingió estar loco. Esto resultó en que el rey actuara con desdén hacia él en lugar de sentirse amenazado. David vivió, aunque parece que hubo un momento en el que pensó que era muy posible que le quitaran su vida.

En medio de la preocupación de David, buscó al Señor. No se dio por vencido en la desesperación. Más bien, él vino ante el Señor y pidió tanto sabiduría como liberación. El Señor escuchó la oración de

David y le respondió. Él liberó a David de todo lo que temía. Le protegió de lo que fácilmente podría haber sido su desaparición.

En medio de sus preocupaciones y temores, ¿a quién buscan? ¿Qué es lo que usted busca? Nuestros corazones anhelan la paz. Nuestros corazones anhelan estar satisfechos con algo. Buscamos y adoramos efectivamente todo lo que creemos que proveerá esa satisfacción. La verdad es que sólo encontraremos la paz y la satisfacción que buscamos a través de Jesús. Algunas personas tratan de satisfacer su corazón a través del abuso de sustancias, algunos siguen después de relaciones románticas vacías. Otros intentan encontrar la paz a través de pasatiempos y distracciones interminables. Pero Jesús es el que nuestros corazones realmente necesitan. Él es la respuesta y nos invita a buscarlo.

En medio de su próximo momento de ansiedad, haga una pausa y pregúntese: "¿Qué me gustaría tener ahora mismo para calmar esta preocupación y este miedo? Si su respuesta es "dinero", entonces el dinero es su dios. Si su respuesta es "tiempo" o "romance" o "una sustancia que altera la mente", entonces ellos son sus dioses. Pero los dioses falsos no pueden librarnos de nuestros temores. Jesús es nuestro Libertador y nos invita a buscarlo primero. Él es el Señor y Dios.

7. Arroje su ansiedad sobre Dios

1 Pedro 5:6-7
Humillaos, pues, bajo la poderosa mano de Dios, para que en el momento oportuno os exalte, echando sobre él todas vuestras angustias, porque él se preocupa por vosotros.

Un problema común que experimenta la humanidad es la tendencia a pensar en nosotros mismos más de lo que deberíamos. Creemos que somos fuertes. Creemos que tenemos el control. Pensamos que somos sabios y pensamos que tenemos suficiente previsión para poder percibir lo que se nos viene encima. Nos jactamos y presumimos de lo que tenemos y de lo que hacemos y tratamos de vivir como si fuéramos soberanos sobre la creación de Dios.

Hacemos esto de manera sutil y lo hacemos de manera abierta, pero es posible que ni siquiera nos demos cuenta de que estamos viviendo así o creyendo estas cosas acerca de nosotros mismos. El orgullo es cegador. Algunas personas pasan toda su vida sin darse cuenta de que están elevando su propia sabiduría y habilidades por encima de la del Señor.

Vivir así produce ansiedad porque en el fondo, sabemos que no podemos controlar todas las cosas que nos gusta decirnos a nosotros mismos que podemos dominar. Pero la Palabra de Dios nos anima, en la fe, a pensar con la mente de Cristo y a modelar su humildad abnegada.

Durante el ministerio terrenal de Cristo, Él nos mostró cómo era la verdadera humildad. Nos enseñó lo que realmente significa estar centrados en los demás. Él modeló lo que significa elevar la voluntad de Dios por encima de la suya. Esta Escritura está tratando de ayudarnos a entender eso también. En vez de elevarnos, estamos siendo llamados a humillarnos bajo la poderosa mano de Dios.

Cuando nos elevamos, terminamos predicando un falso evangelio a nuestros corazones. Empezamos a decirnos a nosotros mismos que tenemos que llevar nuestras cargas solos porque nadie más es capaz de llevarlas por nosotros. Esta mentalidad produce ansiedad, pero afortunadamente, existe una alternativa. La alternativa es reconocer que el Señor es Dios y luego humildemente arrojar nuestra ansiedad sobre Él, confiando en Él para manejar todas las cosas que una vez creímos que eran nuestras cargas.

8. Crea que Hay Amor Perfecto

1 Juan 4:18
En el amor no hay temor, sino que el perfecto amor echa fuera el temor; porque el temor lleva en sí castigo. De donde el que teme, no ha sido perfeccionado en el amor.

¿Cuáles son sus mayores temores? ¿Qué pensamientos temerosos intenta evitar que pasen por su mente? ¿Existen incontables escenarios catastróficos de "qué pasaría si" que plagan regularmente su pensamiento? ¿De dónde viene todo esto? ¿Cuál es la fuente de su miedo?

Cuando usted era un niño muy pequeño, ¿recuerda haber tenido tanto miedo como ahora o su nivel de miedo se ha desarrollado con el tiempo? Los niños pequeños que crecen en un ambiente saludable no suelen luchar contra el miedo como lo hacen algunos adultos. En un ambiente saludable, se le muestra a un niño regularmente y se le recuerda que es amado. Y si ese amor es genuino, un niño llega a creer que es así y su miedo es controlado.

¿Usted cree que es amado? ¿Qué cree que Dios tiene reservado para usted?

Esta Escritura nos dice que el amor perfecto echa fuera el temor porque el temor tiene que ver con el castigo. El castigo final del que se habla en las Escrituras y el tipo de castigo al que se hace referencia aquí es la separación eterna de Dios - una eternidad ausente de la presencia de Su amor. Pero si usted tiene fe salvadora en Jesucristo, su experiencia en la eternidad no estará ausente de Su amor. Usted estará vivo en Su presencia, asegurado de Su amor continuamente.

En este mundo, a menudo caminamos con miedo porque luchamos para creer que somos amados. Pero el Señor quiere que seamos perfeccionados en Su amor. Es decir, que Él quiere que alcancemos la plena madurez en Su amor.

¿Qué le detiene de creer en el amor perfecto de Dios para aquellos que están en Cristo Jesús? ¿Qué es lo que se interpone en el camino de su fe madurando hasta el punto de que usted comienza a ver cada día a través del lente de saber que, si usted está en Cristo, es amado y no necesita temer la condenación?

9. Bienvenidos a la Paz de Cristo

Juan 14:27
La paz os dejo, mi paz os doy; yo no os la doy como el mundo la da. No se turbe vuestro corazón, ni tenga miedo.

La paz es un concepto del que este mundo habla a menudo. Es el objetivo declarado de la política exterior de muchas naciones. Es algo que nuestros corazones y nuestras mentes anhelan. Diferentes personas se aferran a diferentes teorías sobre cómo se puede obtener, pero Jesús explica que la paz que realmente necesitamos es muy diferente de lo que se puede obtener de este mundo.

En muchos aspectos, a menudo tendemos a pensar que la paz es la ausencia de conflicto. Pero la paz que Jesús ofrece es mucho más profunda que eso. Cuando Jesús usa la palabra "paz", también está hablando de añadir algo a nuestras vidas, no sólo de quitarnos algo desagradable. La paz que Jesús ofrece es una bendición y un regalo. Su paz es el fruto de una relación correcta con Dios. Eso no es algo que este mundo pueda suplir, pero Él graciosamente provee Su paz a todos los que confían en Él.

Jesús sabe que en este mundo tendremos problemas. En las diferentes estaciones de nuestras vidas, el tipo de problemas que podamos experimentar posiblemente se verán un poco diferentes, pero son difíciles de igual manera. Tal vez usted está experimentando una temporada problemática en este momento o tal vez le preocupa que pueda experimentar problemas en un futuro cercano. En este pasaje, Jesús anima a nuestros corazones a no ser perturbados. Lo tenemos a Él. Tenemos Su paz. Podemos confiar en que Él manejará lo que nos preocupa.

Jesús también nos recuerda que no tengamos miedo. Una vez leí que el 97% de las cosas que tememos y de las que nos preocupamos no son ni remotamente probables de que nos ocurran, sin embargo, dejamos que nuestras mentes se detengan en las posibilidades de todos modos. Pero Jesús nos ofrece su paz para que no tengamos que tener miedo. No tenemos que huir. No tenemos que escondernos. No necesitamos acobardarnos de miedo. El Señor de toda la creación nos ha prometido Su presencia. Él nos ha asegurado que puede manejar cualquier cosa que nos preocupe. Él nos concede su paz para que nuestros corazones no sean gobernados por el miedo.

10. Deje que una buena palabra le haga feliz

Proverbios 12:25
La ansiedad en el corazón de un hombre le pesa, pero una buena palabra le hace feliz.

Cuando alguien que usted conoce está pasando por una temporada de ansiedad, a menudo se puede saber con sólo mirarlo. La expresión de su cara es hacia abajo, se sientan un poco más abajo en una silla. sus hombros parecen un poco encorvados cuando caminan, su ritmo puede parecer un poco más lento y su nivel de energía puede estar agotado. Hay signos externos que significan lo que está sucediendo en su corazón. Si son vencidos por sus preocupaciones y miedos, sus corazones son abrumados y se sienten pesados.

La ansiedad nos agobia, nos dice que necesitamos manejar las cosas que sólo Jesús puede manejar. Nos hace sentir como si nos hubiéramos visto obligados a soportar una carga que está más allá de nuestra capacidad de carga. Nos influye pensar que la ayuda no está disponible para nosotros - que estamos completamente solos en nuestra lucha.

Pero esta Escritura nos recuerda que hay una alternativa a ser agobiado por la ansiedad. A nuestros miedos les gusta mantenernos anclados en una posición de abatimiento, pero una "buena palabra" puede hacernos felices. Una buena palabra puede hacernos sentir ligeros de nuevo. Una buena palabra puede ser usada por Dios para levantarnos.

No hay palabra más grande que el evangelio. La palabra "evangelio" significa literalmente "buenas nuevas" y que las buenas nuevas son proclamadas y demostradas a través de todas las páginas de la Escritura. En el evangelio se nos dice que Dios creó el mundo y la humanidad perfecta. Nos rebelamos contra Él y nos volvimos pecadores y condenados. Pero en Su misericordia, Él eligió ofrecernos una segunda oportunidad.

Jesús, el Hijo de Dios, vino a esta tierra en carne, vivió la vida perfecta, tomó el castigo por nuestro pecado sobre sí mismo en la cruz, murió en nuestro lugar, se levantó de la muerte, venció al pecado, a Satanás y a la muerte y nos asegura que, a través de la fe en él, seremos perdonados y se nos dará una nueva vida. En Jesús, ya no somos condenados, somos hechos justos y santos a sus ojos.

¿Qué mensaje estás predicando a tu corazón? ¿Es un mensaje de condenación que produce ansiedad o la buena palabra del evangelio que produce gozo?

11. Dé la bienvenida a la protección y guía del Señor

Salmo 23:4
Aunque ande en valle de sombra de muerte, no temeré mal alguno, porque tú estarás conmigo; tu vara y tu cayado me infundirán aliento.

A lo largo de nuestro tiempo en esta tierra, siempre estamos en movimiento. O avanzamos o retrocedemos. Hay épocas de la vida en las que nuestra progresión o "caminar" puede hacer que viajemos a través de lugares muy oscuros. El salmista describe esos lugares oscuros como el "valle de la sombra de la muerte". ¿Cómo podemos navegar por esas experiencias? ¿Cómo podemos responder cuando nos encontramos en medio de una estación oscura de la vida?

Esta Escritura nos recuerda que nuestro Señor es nuestro líder y nuestro consolador. En muchos lugares de la Escritura, Jesús es representado como un pastor que cuida de sus ovejas. Él nos guía como necesitamos ser guiados. Él nos consuela cuando sabe que estamos sufriendo. Incluso en los momentos más oscuros de nuestras vidas, podemos estar seguros de Su presencia y Su cuidado.

Este versículo habla de que nuestro Señor tiene una vara y un cayado mientras pastorea a su pueblo. Hay una diferencia entre los dos. Entre los pastores, una vara era un palo de unos 3 pies de largo con un nudillo en el extremo. Se usaba como herramienta para proteger a las ovejas de los peligros. El cayado era un poco diferente. Era un bastón largo con un gancho más grande en el extremo y se usaba para guiar a las ovejas.

Nos dan una imagen importante. En medio de las estaciones oscuras, cuando no podemos ver lo que está por venir, lo que nos rodea o cómo podemos salir de lo que actualmente nos sentimos atrapados, todavía podemos confiar en el Señor que está presente con nosotros. Podemos estar seguros de que Él nos protegerá y nos guiará.

En medio de la oscuridad, Él nos protege del daño que no podemos ver o percibir. En medio de la oscuridad, Él nos guía en la dirección que Él quiere que vayamos porque nuestra vista no es suficiente.

Hay maldad en este mundo, pero no necesitamos temerla. Jesús está con nosotros para protegernos y guiarnos y esa verdad trae consuelo a nuestros corazones.

12. No se detenga en los problemas del mañana

Mateo 6:34
Por tanto, no os preocupéis por el mañana, porque el mañana se preocupará por sí mismo. Suficiente para el día es su propio problema.

Nuestras preocupaciones y temores se arraigan profundamente en nuestras mentes y corazones hasta el punto de que pueden convertirse en los asuntos primarios en los que nos concentramos. Un gran porcentaje de nuestro día puede estar ocupado por sentimientos intensos de ansiedad sobre una gran variedad de cosas, la mayoría de las cuales no están bajo nuestro control.

No tendemos a sentirnos ansiosos por el pasado. El pasado es algo que ya entendemos. No hay mucho misterio allí. Típicamente no estamos consumidos por el miedo a lo que ha sucedido. Nuestras preocupaciones y temores se centran principalmente en lo que podría suceder a continuación. No estamos preocupados por lo de ayer. Estamos preocupados por el mañana.

Nos hacemos preguntas ansiosas como: "¿Y si pierdo mi trabajo? ¿Qué pasa si me quedo sin dinero? ¿Qué pasa si me enfermo o me lesiono? ¿Y si algo malo le pasa a mi familia? ¿Qué pasa si me dejan solo?" En vez de concentrarnos en lo que el Señor tiene para nosotros hoy y en vez de recordar el hecho de que Él nunca permitirá que algo entre en nuestra vida que no sea para nuestro bien y Su gloria, tendemos a preocuparnos por lo que pueda suceder después.

Este tipo de pensamiento roba la alegría de cada día. En vez de caminar en la gracia de la alegría de Cristo, nuestras mentes se enfocan excesivamente en una multitud de interrupciones potenciales a nuestra vida preferida de comodidad y seguridad terrenal. Pero Jesús nos recuerda que cada día tiene suficiente de sus propios problemas. ¿Por qué invitar a los problemas del mañana que pueden o no pueden suceder en el gozo que Jesús tiene hoy para usted

La verdad es que si estamos en Cristo, nuestros mejores días están por venir. Cuando miramos las promesas de las Escrituras, vemos que hay bendiciones para nosotros que son aún futuras que superan incluso las mayores comodidades de esta vida terrenal. Si nuestras mentes insisten en enfocarse en cosas futuras, enfoquémonos en el hecho de que a través de Jesús, tenemos un futuro glorioso que está seguro en Él.

Extra: Escrituras adicionales alentadoras para la reflexión

Salmo 27:1
De David. El Señor es mi luz y mi salvación; ¿a quién temeré? El Señor es la fortaleza de mi vida; ¿de quién tendré miedo?

Romanos 8:31-39
¿Qué, pues, diremos a estas cosas? Si Dios está con nosotros, ¿quién puede estar en nuestra contra? 32 El que no perdonó a su propio Hijo, sino que lo entregó por todos nosotros, ¿cómo no nos dará también con él todas las cosas? 33 ¿Quién acusará a los elegidos de Dios? Es Dios quien justifica. 34 ¿Quién debe condenar? Cristo Jesús es el que murió -más que eso, el que resucitó-, el que está a la diestra de Dios, el que en verdad intercede por nosotros. 35 ¿Quién nos separará del amor de Cristo? ¿Tribulación, o angustia, o persecución, o hambre, o desnudez, o peligro, o espada? 36 Como está escrito,

"Por causa de ti somos muertos todo el

tiempo: Somos estimados como ovejas de matadero."

37 No, en todas estas cosas somos más que vencedores por medio del que nos amó. 38 Porque estoy seguro de que ni la muerte, ni la vida, ni ángeles, ni principados, ni lo presente, ni lo por venir, ni las potestades, ni lo alto, ni lo profundo, ni ninguna otra cosa en toda la creación podrá separarnos del amor de Dios en Cristo Jesús Señor nuestro.

Romanos 15:13
Que el Dios de la esperanza os llene de todo gozo y paz en la fe, para que por el poder del Espíritu Santo abundéis en esperanza.

Salmo 55:22-23

Arrojad vuestra carga sobre el Señor, y él os sostendrá; nunca permitirá que los justos sean movidos. Pero tú, oh Dios, los arrojarás al abismo de la destrucción; los hombres de sangre y de traición no vivirán la mitad de sus días. Pero confiaré en ti.

Isaías 43:1

Pero ahora, así dice el Señor, el que te creó, oh Jacob, el que te formó, oh Israel: "No temas, porque yo te he redimido; te he llamado por tu nombre, tú eres mío.

Salmo 94:19

Cuando las preocupaciones de mi corazón son muchas, tus consuelos alegran mi alma.

Lucas 10:19

He aquí, os he dado autoridad para hollar serpientes y escorpiones, y sobre todo el poder del enemigo, y nada os hará daño.

Éxodo 14:14
El Señor luchará por vosotros, y vosotros sólo tenéis que estar callados.

Hebreos 11:1
Ahora bien, la fe es la seguridad de lo que se espera, la convicción de lo que no se ve.

Salmo 91:1-16

El que mora en el refugio del Altísimo morará en la sombra del Todopoderoso. Le diré al Señor: "Mi refugio y mi fortaleza, mi Dios, en quien confío". Porque él te librará de la trampa del cazador y de la peste mortal. Él te cubrirá con sus piñones, y bajo sus alas encontrarás refugio; su fidelidad es un escudo y un broquel. No temerás al terror de la noche, ni a la flecha que vuela de día,

Hebreos 4:14-16

Desde entonces tenemos un gran sumo sacerdote que ha pasado por los cielos, Jesús, el Hijo de Dios, mantengamos firme nuestra confesión. Porque no tenemos un sumo sacerdote que no pueda compadecerse de nuestras debilidades, sino uno que en todo aspecto ha sido tentado como nosotros, pero sin pecado. Acerquémonos, pues, con confianza al trono de la gracia, para que recibamos misericordia y encontremos la gracia para ayudar en los momentos de necesidad.

Isaías 54:17
Ninguna arma que se forme contra ti tendrá éxito, y tú refutarás toda lengua que se levante contra ti en el juicio. Esta es la herencia de los siervos del Señor y su reivindicación de mi parte, declara el Señor.

1 Juan 1:9
Si confesamos nuestros pecados, él es fiel y justo para perdonar nuestros pecados y limpiarnos de toda maldad.

Salmo 118:6
El Señor está de mi lado; no temeré. ¿Qué puede hacerme el hombre?

Job 11:14-15
i alguna iniquidad hubiere en tu mano, y la echares de ti, Y no consintieres que more maldad en tus habitaciones; Entonces levantarás tu rostro limpio de mancha, Y serás fuerte y no temerás:

Romanos 8:1
Ahora, pues, ninguna condenación hay para los que están en Cristo Jesús.

Mateo 28:20
Enseñándoles que guarden todas las cosas que os he mandado: y he aquí, yo estoy con vosotros todos los días, hasta el fin del mundo.

Hebreos 2:14-15
Así que, por cuanto los hijos participaron de carne y sangre, él también participó de lo mismo, para destruir por la muerte al que tenía el imperio de la muerte, es á saber, al diablo, y librar á los que por el temor de la muerte estaban por toda la

vida sujetos á servidumbre.

Lamentaciones 3:57
Acercástete el día que te invoqué: dijiste: No temas.

1 Tesalonicenses 5:17
Orad sin cesar,

Mateo 10:26
Así que, no los temáis; porque nada hay encubierto, que no haya de ser manifestado; ni oculto, que no haya de saberse.

Mateo 10:28
Y no temáis a los que matan el cuerpo, más al alma no pueden matar: temed antes a aquel que puede destruir el alma y el cuerpo en el infierno.

Isaías 26:3
Tú le guardarás en completa paz, cuyo pensamiento en ti persevera; porque en ti se ha confiado

Isaiah 35:4
Decid á los de corazón apocado: Confortaos, no temáis: he aquí que vuestro Dios viene con venganza, con pago: el mismo Dios vendrá, y os salvará.

¿Puedo pedirle un favor?

Hay otros que se beneficiarían de escuchar el testimonio de cómo el Señor ha estado trabajando en su corazón para ayudarle a superar la ansiedad. Por favor tome un momento y comparta un poco sobre el trabajo que el Señor está haciendo en su vida al dejar su reseña de este libro.

¡Gracias!

Parte 2

Introducción

Este libro contiene medidas probadas y estrategias para reducir la ansiedad, los sentimientos nerviosos y prevenir los ataques de pánico. La ansiedad es un trastorno que afecta a millones de personas todos los días, y realmente puede afectar a la persona y la gente que le rodea. Hay formas de superar tus sentimientos de ansiedad y liberar tu vida del estrés adicional innecesario. En este libro, encontrarás formas de superar la ansiedad y los sentimientos que la acompañan. Lo creas o no, hay muchas maneras de ayudarte más allá de la medicación. Si tienes ansiedad y deseas librarse de ella, entonces este es el libro adecuado para ti.

- Identifica la ansiedad y cómo gestionarla adecuadamente.
- Fácil paso a paso sobre cómo manejar la ansiedad y el nerviosismo.
- Como tratarte mejor y tener más amor propio.
- Eres lo que piensas, así que esfuérzate

en pensar en positivo.

Gracias de nuevo por descargar este libro, ¡espero que lo disfrutes!

Capítulo 1: ¿Qué es la ansiedad, en realidad, y cómo puedo saber que la tengo?

Si te sientes incómodo, nervioso y preocupado a diario, lo más probable es que sufras ansiedad. No te preocupes, no estás solo. Millones de personas sufren ansiedad, y la mayoría ni siquiera lo saben, e incluso si lo saben, no saben cómo tratarla. La ansiedad realmente puede ser una carga para la vida cotidiana y puede hacer que las situaciones normales parezcan un desafío enorme. Todos nos sentimos ansiosos de vez en cuando, y esto afecta a cada persona de manera diferente. Ya sea que tengas miedo de hablar en público, te preocupe un gran examen en la escuela o incluso una nueva entrevista de trabajo, estas son cosas completamente normales con las que sentirse ansioso o nervioso.
.
Aunque la ansiedad cede una vez que superamos estas situaciones, para algunas personas todavía existe en la vida

cotidiana y la acumulación de sentimientos de ansiedad puede resultar realmente abrumadora e imposible de superar. Si te estás preguntando si tienes ansiedad, comprueba si alguna de estas señales encajan contigo:

1. Preocupación excesiva. Como he dicho, es perfectamente normal preocuparse por las cosas por las que vale la pena preocuparse, pero cuando empiezas a estresarte sobre qué ropa es mejor usar para el trabajo o si a alguien le gustará el regalo de cumpleaños que compraste, te estás preocupando demasiado.

2. Dificultad al dormir o pérdida de sueño. Si estás sufriendo insomnio casi todas las noches o tienes problemas para dormir toda la noche porque te despiertas todo el rato, es probable que sea por ansiedad. Esas noches en las que te quedas despierto porque tu mente está acelerada y no puedes quedarte dormido por pensar demasiado y preocuparte por todo lo que está sucediendo en tu vida. Eso es la ansiedad.

3. Miedo irracional. La palabra clave aquí es "irracional". Es normal tener miedo, pero la causa del miedo sin ninguna razón lógica es la ansiedad. Si bien la ansiedad es común, algunos tipos de ansiedad se deben a una fobia o fobias específicas que podrías tener. Las fobias son en realidad un tipo de trastorno de ansiedad que envuelve un temor específico que debes evitar para evitarlo. Aunque algunas fobias son justificables, la mayoría son reconocidas como irracionales.

4. Tensión muscular y dolores. Como probablemente sepas, el estrés puede hacer que tu cuerpo se ponga tenso, lo que provoca dolores musculares, y la ansiedad suele ser la raíz de la mayor parte de su estrés.

5. Indigestión y otros problemas estomacales. ¿Alguna vez te has sentido tan nervioso que tu estómago se siente como si estuviera literalmente dando vueltas? Eso es porque el estómago está muy afectado por el estrés psicológico. El

Síndrome del Intestino Irritable (SII) es, desafortunadamente, un síntoma físico relacionado cuando sufres ansiedad. El SII puede causar dolor de estómago, diarrea, gases, hinchazón y más. Lo que es aún peor que tener estos síntomas es que a menudo te hacen sentir aún más ansioso, lo que causa un círculo vicioso.
.
6. La timidez y otros problemas de autoestima. Sentirte incómodo en su propia piel puede provocar un trastorno de ansiedad social. Si no eres fan de las grandes multitudes, eso es otro tema, pero si te sientes nervioso e incómodo en un entorno social pequeño, eso no es bueno. Tener ansiedad social puede hacerte difícil establecer y mantener amistades, relaciones y una buena relación con las personas con las que trabajas. Esto puede hacer que te sea difícil avanzar en tu trabajo o conocer gente nueva.
.
7. Ataques de pánico. Los ataques de pánico son absolutamente aterradores. El miedo, los mareos, los sudores fríos, los

latidos cardíacos, los problemas para respirar y los sudores fríos no son una combinación divertida de dolencias que experimentar. Lo que los hace aún más aterradores es que terminas viviendo con miedo porque no sabes cuándo volverás a tener uno. A menudo son provocados por la alta ansiedad y, a veces, ni siquiera estás seguro de por qué te ha dado uno.

8. Perfeccionismo y trastorno obsesivo-compulsivo (TOC). Cuando te sientes ansioso, a veces sientes la necesidad de asegurarte de que cada tarea que completes sea completamente perfecta. Si es menos que perfecto, terminas sintiéndote aún más ansioso y, a su vez, te sientes aún peor. El TOC a menudo está relacionado con la ansiedad porque sentirse ansioso puede obligarte a actuar de manera compulsiva e irracional al realizar rituales y rutinas que son innecesarias para completar una tarea.

9. **Flashbacks.** Si tu ansiedad está provocada por un evento traumático o

varios eventos que te sucedieron en el pasado y sigues teniendo flashbacks, es probable que también estés sufriendo un trastorno de estrés postraumático o trastorno de estrés postraumático. Esto le sucede mucho a las personas que presenciaron un trágico accidente; que han experimentado la muerte de un ser querido o a las que han estado en el ejército. Es posible que tus flashbacks provengan de otro evento relacionado con la ansiedad social. Tales como, ser avergonzado o ridiculizado en público. Aunque son menos extremos que los eventos que causan el trastorno de estrés postraumático, todavía son traumáticos para aquellos que sufren de ansiedad.

.

10. Tristeza o depresión. La depresión y la ansiedad a menudo van de la mano debido a que un sentimiento puede desencadenar el otro sentimiento. Hay signos que indican que tienes tanto ansiedad como depresión, y no debes ignorarlos, o solo irá a peor. Si experimentas latidos cardíacos incrementados y rápidos, dolores de

cabeza, sudoración, dificultad para respirar, fatiga, cambios en los hábitos alimenticios, probablemente estés sufriendo ansiedad. La ansiedad también puede causar que tengas problemas con la toma de decisiones, pérdida de concentración y dificultad para concentrarte en cualquier cosa. Si tienes constantes sentimientos diarios de tristeza y derrota, cambios de humor y está perdiendo interés en los pasatiempos y actividades que solía disfrutar, entonces es probable que estés lidiando con la ansiedad y la depresión.

Capítulo 2: Soluciones para ayudarte a disminuir la ansiedad aliviando el estrés interno

El primer paso en el camino para aliviar tu ansiedad es reconocer exactamente lo que estás sintiendo y lo que te está causando ansiedad en primer lugar. Existen soluciones simples que pueden ayudarte en tu camino hacia la recuperación. Una mente sana y un cuerpo sano van de la mano, por lo que solo tiene sentido comenzar el viaje desde el interior.

1. Simplemente respira. Respira profunda y lentamente y continúa repitiendo esto durante al menos tres minutos.
 Permite que tu cuerpo se relaje y se calme. En cualquier momento en el que empieces a sentir ansiedad, repetir estas respiraciones te ayudará. Incluso hay ejercicios de respiración que puedes realizar, como los que practican en yoga. Hay un ejercicio de respiración que a menudo se conoce como la técnica 4-7-8

Para llevarlo a cabo, necesitas ponerte en una posición cómoda, ya sea sentado o acostado. Luego, coloca tus manos sobre tu estómago y una sobre tu pecho. Respira lentamente durante 4 segundos, mantenlo presionado durante 7 segundos y luego déjalo salir durante 8 segundos o hasta que tus pulmones estén vacíos. Puedes repetir esta técnica todo el tiempo que quieras.

2. Tómate un minuto para reconocer lo que estás sintiendo. Di tus sentimientos en voz alta (a ti mismo). Por ejemplo, "Me siento preocupado por esto" o "Me siento triste por esto". A veces, si dices lo que está sintiendo en voz alta, te darás cuenta de que es innecesario sentirte como te sientes. Luego, pregúntate qué te está haciendo sentir de esta manera. Simplemente, reconocer que tu ansiedad está causando que te sientas de cierta manera es algo bueno.

3. ¡Perdónate a ti mismo! Todos cometen errores, incluyéndote a ti. A veces suceden cosas que simplemente están fuera de nuestro control. No seas tan duro contigo mismo. No puedes culparte por no predecir que un problema suceda antes de que suceda. En lugar de culparte por un error que hayas cometido, o por la forma en que manejaste un problema, piensa en lo que puedes hacer en el futuro para no volver a cometer ese error. Intenta anotar tus ideas porque te ayudará verlas en papel.

.

4. Perdona a alguien más. Guardar rencor contra alguien puede ser una gran carga. Si la forma en que alguien más ha actuado es la causa de tu ansiedad, perdónalos por ello y acepta que es posible que no sepas por lo que están pasando en su vida, lo que puede haberlos llevado a actuar de cierta manera.

.

5. Pregúntate a ti mismo si vale la pena estar ansioso. Probablemente estés pensando: "Es más fácil decirlo que hacerlo", ¿verdad? No tiene por qué ser así. Nuestra ansiedad sin duda puede sacar

lo mejor de nosotros y, a veces, nos hace saltar a conclusiones o pensar lo peor de una situación en la que el problema probablemente sea mucho menos importante de lo que cree, o que no existe. Si te está preocupando por si alguien está molesto contigo, pregúntate si tienen una razón para estarlo o si estás asumiendo que lo están. Hazte estas simples preguntas para evitar un posible ataque de ansiedad.
.
6. Pasa menos tiempo en las redes sociales. Lo creas o no, las redes sociales son una de las principales causas de ansiedad y depresión. ¿Por qué? Porque pasamos horas y horas cada día comparando nuestras vidas con las vidas de otras personas. Nueve de cada diez veces, los usuarios de las redes sociales solo publicarán las cosas buenas o impresionantes que les sucedan en su Facebook, Instagram, etc., así que eso es todo lo que vemos. Es posible que no veamos que tienen una rueda pinchada esa mañana, o tuvieron un mal día en el

trabajo, o están nerviosos por el evento que se avecina. Todos somos humanos, todos cometemos errores y tenemos malos días. No te compares con otras personas porque lo que estás viendo es solo la superficie de sus vidas. Concentra esa energía en mejorarte a ti mismo, un día a la vez, y superar tu ansiedad.

.

7. Reduce o elimina tu ingesta de cafeína. Estoy seguro de que esto no es lo que querías escuchar. La mayoría de nosotros necesitamos café o algún tipo de cafeína para pasar el día. Sin embargo, la verdad es que la cafeína puede empeorar sus síntomas de ansiedad. También puede provocar los síntomas en un momento en el que normalmente no se sentiría nervioso o ansioso. Si sientes que no puedes pasarte al descafeinado, inténtalo con el "semidescafeinado" por un tiempo. También puedes cambiar el café por el té verde. El té verde contiene cafeína, pero es mínimo en comparación con una taza de café.

.

8. Pon tus finanzas en orden. Los problemas de dinero pueden hacer que cualquiera tenga ansiedad. Si las finanzas son la fuente de la mayor parte de tu ansiedad, o incluso solo una parte de ella, definitivamente deberías recortar tus gastos y seguir un presupuesto. La estabilidad financiera puede calmar tu mente.

9. Haz algo que has estado posponiendo. Ya sea haciendo una llamada telefónica, escribiendo un correo electrónico o haciendo una cita, lograr algo relativamente pequeño que has estado evitando hacer aliviará enormemente tu ansiedad. Cuanto más procrastinemos, más altos son nuestros niveles de ansiedad. Nos sentimos ansiosos porque tenemos que hacer algo que no queremos hacer, y luego nos sentimos aún más ansiosos porque todavía no lo hemos hecho. Haz una lista de las tareas que has estado posponiendo. Intenta tachar una de tu lista al día. Te hará sentir productivo y reducirá tu ansiedad.

10. Céntrate en las cosas de tu vida que no te causen ansiedad. Pensar en las cosas buenas de tu vida que estás agradecido y agradecido puede reducir tu nivel de estrés. Intenta mantener la necesidad, incluso en tu día más estresante. Si estás teniendo una semana estresante y se siente especialmente ansioso, trata de concentrarte en algo divertido y emocionante que estés esperando. Rodéate de las cosas y las personas que te hacen feliz. También debes pensar en las cosas que van bien en su vida y no solo en las cosas que van mal.

11. Tómate un descanso de leer y ver noticias. La mayoría de los días hay más cosas malas en las noticias que buenas. Te beneficiaría tomarte un descanso para no sentirte deprimido, preocupado y estresado por algo sobre lo que no puedes hacer nada.

12. Acepta el hecho de que aún no eres quien quieres ser. Cuando sufres de

ansiedad, no puedes evitar pensar que te afectará por el resto de tu vida, lo que te causa más ansiedad. Puedes cambiar esto, pero debes aceptar que no puede suceder en un día. Trabaja en ti mismo un día a la vez y comenzarás a ver resultados.

13. Prepárate mentalmente, en caso de que lo que más temes suceda. En realidad, puedes reducir tu ansiedad para planificar lo que harías y cómo reaccionarías, hipotéticamente, si sucediera algo que temes. Por ejemplo, si lo que más temes es perder tu trabajo o que alguien cercano muera, es importante que te prepares mentalmente sobre cómo manejar algo trágico. Esto no significa que debas darle vueltas a esto o esperar que ocurran estas cosas; solo significa que debes desarrollar un plan práctico sobre cómo enfrentarlo, por si acaso. En realidad, esto puede disminuir tu ansiedad por estos temores, ya que sabes que si ocurrieran, podrías manejarlos.

14. Practica la gratitud. Agradece que tu

vida no esté peor de lo que está. Reconoce que aunque las cosas puedan parecer malas, realmente no lo son cuando se mira el panorama general. Utiliza un diario para anotar las cosas por las que estás agradecido y continúa agradeciéndolo. También puedes escribir algo bueno que te haya sucedido en una hoja de papel todos los días y ponerlo en un frasco. Al final del año, puedes leerlos todos y darse cuenta de que tienes mucho por lo que estar agradecido.

.

15. Mantén una actitud positiva. Si te sientes ansioso por que surja un problema o un evento porque te preocupa que el resultado sea negativo, intenta imaginar un resultado positivo en su lugar. Mantenerse optimista en situaciones difíciles y estresantes puede tranquilizarte y disminuir tus síntomas de ansiedad.

.

16. Escribe una lista de las cosas en las que eres bueno. En lugar de detenerte en cosas en las que has fallado o que no puedes hacer, haz una lista de todas las

cosas que has logrado y en las que sobresales. Si tienes temores o fobias específicas, haz una lista de los hechos que conoces sobre ellos. Por ejemplo, si temes viajar en avión, pero sabes que tiene que asistir a la boda de su hermana en todo el país, podrías anotar: "Las probabilidades de que un avión se estrelle son de una en 11 millones". Guarda estas listas en tu cartera, billetera o cajón del escritorio, y consúltalas en cualquier momento que empieces a sentirte ansioso por algo. La ansiedad tiende a apoderarse de todos nuestros pensamientos racionales, y terminamos olvidando y sin darnos cuenta de que la mayoría de los temores que tenemos son en realidad irrazonables y, a veces, incluso ilógicos.

17. Establece una rutina simple. Hacer algo simple como almorzar a la misma hora todos los días o ir al gimnasio a la misma hora puede ayudarte a sentir que tienes el control de algo en tu vida. Aunque sea algo pequeño, es un paso hacia el control de tu vida y tus sentimientos.

18. Mantén la calma y cuenta hasta diez. Cuando sientas que vas a tener un ataque de pánico, debes respirar profundamente y contar lentamente hasta diez.

19. Asegúrate de tener dormir bien por la noche. Dormir es la solución para muchos de los problemas de la vida. Estar bien descansado es muy importante para pensar con claridad. Cuando no duermes lo suficiente, disminuyes la capacidad de atención, la memoria y el autocontrol. Tu mente se vuelve confusa y es más probable que te preocupes por cosas de las que no tienes que preocuparte.

20. Levántate 15 minutos antes todos los días. La mayoría de las personas no se dan el tiempo suficiente en la mañana para prepararse. Esto nos hace apresurarnos y estresarnos incluso antes de haber desayunado. Levantarse un poco más temprano y darse tiempo adicional para prepararse puede reducir tu ansiedad y ayudarte a comenzar el día con el pie

derecho.

21. No canceles planes. Aunque no tengas ganas de levantarte de la cama algunos días, es importante cumplir con tus compromisos. Es probable que tu ansiedad social te haga querer evitar los planes que hiciste anteriormente, pero si abandonas a las personas con las que has hecho planes una y otra vez, es posible que se cansen después de un tiempo.

.

22. Devuelve a tu comunidad. Incluso si no puedes darte el lujo de donar dinero, ser voluntario en un evento comunitario o en un refugio no solo puede distraerte de su ansiedad, sino que también te permite establecer un sistema de apoyo para cuando estés en tu nivel más bajo.

.

23. Asegúrate de que estás comiendo bien. Puede que pienses que no importa, pero un cuerpo sano también es una mente sana. Lo que pones en tu cuerpo puede afectar la forma en que te sientes. Si estás comiendo muchos alimentos grasos, fritos o procesados, puedes hacer que tu mente

se deprima, al igual que tu cuerpo. Además, si estás aumentando de peso debido al estrés alimentario, esto puede hacer que te sientas aún peor contigo mismo.

.

24. Reduce el consumo de alcohol. Algunas personas piensan que el alcohol es la solución a todas sus batallas con la ansiedad. Puede parecer una solución temporal, pero a la larga, está empeorando tu ansiedad. El alcohol puede provocar ataques de pánico y empeorar la ansiedad. Es simplemente una tirita en una herida abierta.

.

Capítulo 3: Date un capricho

Cuando te sientas ansioso, estresado y abrumado, debes tomarte un tiempo para tratarte y / o mimarte. No tiene que ser algo extravagante; puede ser algo simple y barato. Lo que elijas, hazlo por ti y permítete relajarte.

.

25. Date un baño caliente y largo. Asegúrate de reservar un espacio de tiempo en el que sepas que no serás interrumpido. Apaga el teléfono y pon algo de música relajante o ambiental. Usa burbujas de baño de aromaterapia o aceites de baño para mejorar la relajación. El agua caliente relajará los músculos que están tensos por el estrés y te permitirá tener el tiempo necesario para ti.

.

26. Tómate un día libre de trabajo para hacer algo divertido. Está bien pasarse el día jugando a algo de vez en cuando. Tómate un día libre y ve a la playa o ve una película. Haz algo divertido que normalmente no harías un martes. Divertirse puede romper tu semana

monótona y distraerte de tus sentimientos de ansiedad habituales.

.

27. Tómate unas vacaciones o una escapada de fin de semana. Planea un viaje con tu pareja o un grupo de amigos. Tanto si se trata de unas vacaciones con todo incluido al Caribe o de un viaje a una cabaña pintoresca en el bosque o un bed and breakfast, te mereces una escapada que te permita distraerte de las cosas que normalmente te causan ansiedad. Además, la planificación del viaje en sí puede ser buena para ti, ya que te permite tener el control. También crea una buena distracción.

.

28. Ve a nadar, a dar una caminata o un largo paseo en la naturaleza. La naturaleza misma es muy relajante. Qué mejor manera de despejar tu mente que pasar tu tiempo lo más cerca posible de la naturaleza. La natación también es una excelente manera de aliviar el estrés y la ansiedad. Flotar en el agua crea una sensación de ingravidez, que es justo lo

que tu mente y tu cuerpo necesitan.

•

29. Apúntate a una clase de arte. El arte es extremadamente terapéutico y te permite expresarte.

•

30. Pasa tiempo con personas que te hagan reír. Se dice que somos la compañía que tenemos. Pasar el tiempo charlando con amigos y familiares felices que te hacen reír aumentará tu estado de ánimo y pronto olvidarás aquello que te daba tanta ansiedad.

•

31. Vuelve a conectar con un viejo amigo. Especialmente si son amigos con quienes solías tener una relación muy cercana o alguien con quien te sientes muy cómodo. Además, concentrar tu energía en reconectarte con alguien es otra gran distracción de tus sentimientos de ansiedad.

•

32. Haz un crucigrama. Concéntrate en algo que te haga pensar para bien.

•

33. Duerme una siesta. A todo el mundo le gustan las siestas. La próxima vez que sientas que tu ansiedad es demasiado abrumadora, intenta dormir un rato. A veces tu mente solo necesita un descanso de todo lo que estás pensando demasiado.

34. Juega con tu mascota. Se ha comprobado que las mascotas son terapéuticas. Saben cuando estás triste o enfermo y están dispuestos a ayudarte a superar esto. Las mascotas pueden reducir la ansiedad, la depresión y el estrés, especialmente los perros. Es por esto que llevan perros a hospitales, hogares de ancianos y residencias. Son capaces de tranquilizar a los pacientes y mejorar su estado de ánimo.

35. Quema velas de aromaterapia o utiliza aceites esenciales. El olor a menta, eucalipto, lavanda y otros aceites esenciales no solo puede hacer que te sientas relajado, sino también despejar tu mente de pensamientos no deseados.

36. ¡Disfruta el silencio! A veces, solo necesitas apagar las notificaciones de tu teléfono y correo electrónico y disfrutar de no tener que responder nada por un tiempo. Tómate varios minutos de cada día para recargar tu mente y tus energías. Si el silencio completo no es lo tuyo, pon música tranquila para ayudarte a relajarte y descansar.

Capítulo 4: Usa tus recursos

Un error común que tienen las personas con ansiedad es que a menudo sienten que están solos en esta batalla. Nunca debes sentirte como si estuvieras solo cuando luchas contra cualquier tipo de enfermedad o trastorno. De hecho, la sensación de estar solo puede empeorar tus síntomas. No tengas miedo de usar tus recursos.

.

37. Pide consejo a otros. A veces puede ser beneficioso para ti preguntar a las personas que están cerca de ti si sienten que estás siendo irracional. Pídeles su opinión honesta, no solo que te tranquilicen. Describe tu miedo o situación en su totalidad y diles exactamente por qué te sientes ansioso. Podrán darte una respuesta clara si conocen todos los "hechos".

.

38. Establece un sistema de apoyo y utilízalo. Ya sea tu mejor amiga, tu hermana o tu compañero de trabajo

favorito, encuentra a las personas que estarán contigo cuando estés en una crisis que no puedas manejar por ti mismo. No te enfermes por algo que te abruma por completo. Trabajar con alguien para encontrar una solución a su problema te ayudará a resolverlo más rápido y reducirá la posibilidad de un ataque de pánico.
.
.

39. Pídele a un amigo que comparta con usted una experiencia con la que os hayais sentido nerviosos o ansiosos. Saber que no eres el único que se preocupa por cosas por las que no deberías preocuparte puede darte mucha tranquilidad. Pregúntale a un amigo cercano o compañero de trabajo si pueden identificarse con cómo te sientes y pregúntales cómo pudieron manejarlo o sobrellevarlo.
.
.

40. Considera acudir a un médico para descartar una causa médica para tu ansiedad. Aunque los medicamentos no

son necesariamente la solución para eliminar tu ansiedad, deberías pedir una cita en el consultorio de tu médico de familia para asegurarte de que algo más grave no te haga sentir lo que sientes.

41. Encuentra un grupo de apoyo local. Si tu ansiedad no proviene de situaciones sociales, podría ser beneficioso encontrar un grupo de apoyo local para la ansiedad que celebre reuniones en las que todos discutan lo que les hace sentir tan ansiosos y lo que han estado haciendo para tratar de mejorar. Tener el apoyo de otras personas que se enfrentan a los mismos problemas que tú puede ayudarte mucho. Te darás cuenta de que no eres el único que se enfrenta a la lucha de vivir con ansiedad.

42. Habla con un terapeuta. No acudas a un alguien que solo va a recetarle medicamentos. Habla con alguien que realmente escuche lo que tienes que decir

y que pueda ofrecerte algunos consejos interesantes.

Capítulo 5: Ejercicio, Yoga y Meditación.

La actividad física es una excelente manera de aliviar el estrés y la ansiedad. No solo el ejercicio, sino también más actividades espirituales. No tienes que volverte loco en el gimnasio porque simplemente mantenerse activo de alguna manera te ayudará a aliviar el estrés y ansiedad.

43. Sal a pasear o correr. Cuando te sientas ansioso y creas que necesitas un descanso, ve a correr o da un buen paseo. Te ayudará a despejar tu mente y reducir tu ansiedad.

44. Ve al gimnasio. El ejercicio reduce las hormonas del estrés, lo que definitivamente puede aliviar su ansiedad. Las investigaciones demuestran que aquellos que hacen ejercicio regularmente no solo viven una vida más saludable, sino

que también pueden mantener una vida relativamente libre de ansiedad.

.

45. Haz yoga. Probablemente ya sabías que practicar yoga puede ayudarte a relajar la mente y el cuerpo, pero ¿sabías que el yoga es uno de los mejores remedios holísticos para la ansiedad? Una de las razones por las que es tan útil es que te mantiene en el momento presente. Gran parte de la ansiedad es temer o anticipar lo que sucederá en el futuro. Únete a una clase en su estudio de yoga local, o si no te sientes cómodo haciendo eso, intenta hacerlo en casa. Hay muchos DVDs, videos de YouTube y otros recursos que te ayudarán. Incluso si crees que el yoga no es para ti, te sorprendería lo mucho que relaja y calma.

.

46. Medita. La meditación ha existido durante siglos. Puede ayudar a reducir la ansiedad inmensamente. Uno de los síntomas y causas de la ansiedad es que nuestras mentes están constantemente compitiendo con ideas, preocupaciones y

miedo. La meditación te permite despejar la mente y concentrarte en la respiración. Te permite permanecer centrado y conectado a tierra, especialmente cuando sientes que estás al borde de una ansiedad o un ataque de pánico.
.
47. Repetir afirmaciones positivas. Debido a que la baja autoestima es una causa común de ansiedad, es útil repetirse afirmaciones positivas para recordarte que puedes y eres completamente capaz de hacer y cambiar lo que deseas cambiar de tí mismo. Puedes llegar a tus propias afirmaciones o pedir prestado una de otra persona. Haz lo que sea que te haga sentir mejor. Dedica un tiempo cada día para decirte esto a ti mismo. Si sientes que no es necesario, repítelas cuando te sientas nervioso o ansioso. Es casi como darse una charla de ánimos. Aquí hay algunos ejemplos de afirmaciones que puedes usar:

☐ Cuando cambio mis pensamientos; **estoy cambiando mi mundo ".**
☐ "Mis maldiciones pueden volverse

bendiciones".
Somos lo que pensamos. Todo lo que somos surge de nuestros pensamientos. Con nuestros pensamientos, hacemos el mundo ". - Buda

☐ "Yahora, haré lo que sea mejor para mí". - John Green
"Esto también pasará".
"Haz lo que puedas, con lo que tienes, donde estés". -Theodore Roosevelt
.

48. Organizar y ordena. Tener un hogar, automóvil o escritorio liado y desordenado no solo puede estresarte, sino que también le dificulta encontrar cosas cuando las necesitas (como sus llaves, teléfono, etc.) Elige un cajón o estante en tu casa para organizar cada día. Esto hará que no sea tan abrumador como tratar de organizar todo el espacio a la vez.
.

49. Tira cosas a la basura. Las personas que sufren de ansiedad también tienden a ser acaparadores. Esto se debe a que tienen miedo de tirar cualquier cosa porque temen que puedan necesitarlo en el

futuro. Deseche una cosa de una habitación al día, aunque sea basura o un artículo pequeño. Te ayudará a liberar su hogar y su mente de las cosas innecesarias que retienes.

50. Limpia. Cuando te sientes ansioso, poner tu energía en algo productivo, como limpiar, ayuda. Un dormitorio limpio y ordenado le ayudará a dormir mejor por la noche, lo que en última instancia reducirá su ansiedad. Un hogar limpio te dará una mente clara.

Conclusión

¡Gracias de nuevo por descargar este libro!

Espero que este libro haya podido ayudarte a reducir tus sentimientos de estrés, ansiedad, nerviosismo y pánico.

El siguiente paso es probar los enfoques prácticos enumerados en este libro y encontrar los que mejor te funcionen.

¡Gracias y buena suerte!

www.ingramcontent.com/pod-product-compliance
Lightning Source LLC
Chambersburg PA
CBHW071906070526
44583CB00016B/1872